Marcel Reich-Ranicki
Die verkehrte Krone

T0145582

Veröffentlichungen der
Hochschule für Jüdische Studien Heidelberg
Sonderheft

Herausgegeben von
Julius Carlebach

Marcel Reich-Ranicki

Die verkehrte Krone

Über Juden in der deutschen Literatur

WIESBADEN 1995
DR. LUDWIG REICHERT VERLAG

Die Deutsche Bibliothek – CIP-Einheitsaufnahme

Reich-Ranicki, Marcel:

Die verkehrte Krone : über Juden in der deutschen Literatur /
Marcel Reich-Ranicki. – Wiesbaden : Reichert, 1995
(Veröffentlichungen der Hochschule für Jüdische Studien Heidelberg ;
Sonderh.)
ISBN 3-88226-838-7
NE: Hochschule für Jüdische Studien <Heidelberg>: Veröffentlichungen
der Hochschule ...

Herstellung: MZ-Verlagsdruckerei GmbH, Memmingen
Printed in Germany

Vorwort

Im Sinne einer neuzeitlichen Wissenschaft ist die jüdische Wissenschaft mindestens tausend Jahre alt. Wenn es aber erst jetzt möglich ist, die nötige staatliche Anerkennung zu erhalten, die es uns erlaubt, öffentlich ein Promotionsrecht der Hochschule für Jüdische Studien anzubieten und zu feiern, dann ist das eine Erklärung dafür, daß wir das, was normalerweise in einer Hochschule vorausgesetzt wird, als eine besondere Auszeichnung betrachten müssen. Nicht nur, weil es gerade in Deutschland eine besondere Gelegenheit ist und nicht nur, weil es nach fünfzehnjähriger Tätigkeit ein Zeugnis erfolgreicher Arbeit darstellt.

Der noch wichtigere Grund aber liegt in der retrospektiven Anerkennung unserer Ahnen und Vorfahren, die als Intellektuelle, Akademiker und Gelehrte Pioniere jüdischer Wissenschaft waren. Diese Männer und Frauen haben besonders seit dem Ende des 18. Jahrhunderts vor allem in deutschsprachigen Ländern so viel Großes geleistet, ohne jemals die Akzeptanz und Anerkennung zu erhalten, die uns in jüngster Zeit reichlich zugute kommt.

Dies gilt auch für die deutsche Literatur, die in dem selben Zeitraum tief und maßgebend von jüdischen

Männern und Frauen beeinflußt wurde - auch hier zeigt sich ein Panorama von Kreativität und Verachtung, von Leistung und Ablehnung, wie es Marcel Reich-Ranicki so ausführlich und so bewegend für uns in diesem kleinen Band aufgezeichnet hat.

Als Vortrag war dieser Aufsatz zuerst der Hauptteil unserer Feier anläßlich der Verleihung des Promotionsrechts und des 15jährigen Bestehens der Hochschule für Jüdische Studien am 12.1.1995. Jetzt liegt er in gedruckter Form vor. Wir wollen damit denen, die vor uns waren und Größeres als wir geleistet haben, Anerkennung zukommen lassen, die ihnen das Schicksal verweigert hat.

Unser besonderer Dank gilt auch Marcel Reich-Ranicki, der uns so hervorragend geehrt und belehrt hat.

Julius Carlebach
Rektor

Der Geschichte der Juden in der deutschen Literatur mangelt es nicht an Siegen, an wahren Triumphen. Ein Jude aus Düsseldorf ist der erfolgreichste deutsche Lyriker nach Goethe. Ein Jude aus Prag hat die moderne Literatur geprägt - die der Deutschen und die der ganzen Welt. Und unter den populärsten Erzählern des neunzehnten wie des zwanzigsten Jahrhunderts gibt es nicht wenige Juden.

Doch allen Erfolgen zum Trotz ist dieses Kapitel der Literaturgeschichte so dunkel wie deprimierend: Wir haben es mit einer Leidensgeschichte ohnegleichen zu tun. Dabei geht es nicht um Fehlschläge und Niederlagen - sie gehören immer und überall zur Biographie derer, die öffentlich wirken. Ich meine vielmehr die fortwährenden Erniedrigungen, die grausamen Demütigungen, die keinem deutschen Juden, welchen Beruf er auch ausübte, erspart geblieben sind; nur empfindet sie ein Schriftsteller stets doppelt und dreifach.

Am Anfang dieser jüdischen Passionsgeschichte sehen wir zwei in jeder Hinsicht ungewöhnliche Menschen, einen Mann und eine Frau. Er sehr klein und verwachsen, ja bucklig, sie ebenfalls klein und nicht gerade schön. Beide standen im Mittelpunkt des geistigen Lebens von Berlin und von Preußen. Beide sind Jahrhundertfiguren der deutschen Kultur geworden und geblieben. Und beide verkörpern wie niemand vor ihnen und wie kaum jemand nach ihnen den Glanz und zugleich das Elend des jüdischen Daseins in Deutschland.

Im Oktober 1743 meldet sich am Rosenthaler Tor der Stadt Berlin ein vierzehnjähriger Knabe, der Sohn des Dessauer Synagogendieners und Thoraschreibers. Aus seiner Geburtsstadt Dessau zu Fuß gekommen, bat er um Einlaß nach Berlin, der ihm auch bewilligt wurde. So findet sich im Journal für diesen Oktobertag 1743 die knappe Eintragung: „Heute passierten das Rosenthaler Tor sechs Ochsen, sieben Schweine, ein Jude." Warum hat ihn der Wachtposten damals nicht abgewiesen? Vielleicht deshalb, weil ihn der ärmliche und jugendliche Neuankömmling mit einer denkwürdigen Antwort verblüffte. Denn befragt, was er in Berlin wolle, sagte der Knabe, jedenfalls der Legende zufolge, nur ein einziges Wort: „Lernen". Er hat dann in Berlin in kurzer Zeit tatsächlich viel gelernt und sehr bald andere gelehrt. Die Zeitgenossen haben ihn, Moses Mendelssohn, als Autorität höchsten Ranges anerkannt: Er wurde einer der bedeutendsten Denker jener Epoche, in der Kant und Lessing wirkten. Und er wurde es, ohne je, wie er mit leisem Stolz betonte, auf einer Universität gewesen zu sein oder ein Collegium gehört zu haben.

Erstaunlich ist es also nicht, daß der Autodidakt gerne Mitglied der Preußischen Akademie der Wissenschaften geworden wäre. Das wäre ihm auch beinahe geglückt, nur hatte der König, Friedrich II., Einspruch erhoben. Wichtiger noch: Mendelssohn hatte gehofft, er könne ein gleichberechtigter Bürger des preußischen Staates werden. Aber er hatte die Situation allzu optimistisch eingeschätzt: So überwältigend seine wissenschaftlichen Leistungen auch waren - der jüdische Philosoph wurde nach wie vor als wunderlicher Fremdling empfunden, als sonderbares Wesen angestaunt. Von Gleichberechtigung konnte keine Rede sein: Man hat ihn gerühmt und zugleich geschmäht, gepriesen und gequält.

Auch die andere kleine Person, die das Kapitel der Juden in der Geschichte der deutschen Literatur eröffnet, Rahel Levin, die spätere Rahel Varnhagen, kam, wie Mendelssohn, aus der Judengasse und aus einer orthodoxen Familie, auch sie sprach in ihrer Jugend das noch im achtzehnten Jahrhundert gebräuchliche Judendeutsch, das mit hebräischen Lettern geschrieben wurde. Sie indes war doppelt benachteiligt, doppelt geschlagen - als Frau und als Jüdin. Mit den Grenzen, die dem weiblichen Dasein gesteckt waren, wollte sie sich auf keinen Fall abfinden. Und mit dem Judentum? Mit aller Kraft, über die sie verfügte, hat sie sich gegen ihre Abstammung empört und aufgelehnt: Diese Rebellion bildet, auch wenn Rahel es nicht selten für richtig hielt, sich mit Winken und mit Andeutungen zu begnügen, das zentrale Thema, das Leitmotiv ihrer Schriften.

Sie war eine selbstbewußte, eine hochintelligente und überaus geistreiche Frau. Aber eine Schriftstellerin war sie nicht, sie wollte es auch nie sein. Sie hat Tagebuchaufzeichnungen hinterlassen und Hunderte, Tausende von Briefen. Es sind kulturgeschichtliche Dokumente von großem Wert. Doch beweisen sie, daß Rahels Deutsch auch noch in ihren späten Tagen nicht makellos war und daß ihr enormer Ehrgeiz, vielleicht eben deshalb, nicht auf geistige und literarische Leistungen gerichtet war, sondern vor allem auf gesellschaftliche Erfolge. Denn sie wollte ihre Herkunft um jeden Preis abstreifen - wie man ein überflüssiges Kleidungsstück wegwirft. In einem Brief spricht sie von dem „sich fort und neu entwicklenden Unglück" ihrer „falschen Geburt", aus dem sie sich „nicht hervorzuwälzen vermag".

1795 gibt sie einem jungen Juden, David Veit, einen Ratschlag: „Kenntnisse sind die einzige Macht, die man sich verschaffen kann, wenn man sie nicht hat, Macht ist Kraft, und Kraft ist alles." An nichts anderes denkt sie, als an eine Möglichkeit, die „falsche Geburt" zu überwinden und sich von dem uralten Fluch zu befreien. Sie ist es satt, unentwegt gekränkt und beleidigt zu werden. Die Gleichberechtigung will sie - wie Moses Mendelssohn. Was sie David Veit empfohlen hat, das soll auch sie selber retten: Sie brennt darauf, sich Kenntnisse zu erwerben, sich Wissen anzueignen. Nur so lasse sich - davon ist sie überzeugt - die zwischen den Juden und den Nichtjuden bestehende Kluft zumindest verringern.

Mit ihrem Salon in der guten Stube protestierte sie gegen die überlieferten Schranken. Denn dort, in der Jägerstraße, trafen sich Männer und Frauen, adlige Offiziere und bürgerliche Intellektuelle, Philosophen und Schauspieler und schließlich und vor allem: Christen und Juden. Oft nennt man die Namen jener, die in diesem Salon verkehrten - es sind die besten der Epoche: von Jean Paul und Friedrich Schlegel bis zu Chamisso und Brentano. Und in ihrer Mitte die umsichtige, die imponierende Gastgeberin.

Die Berühmtheiten - sie folgten den Einladungen offenbar immer und sehr gern. Doch ist nicht bekannt, daß einer von ihnen je Rahel Levin zu sich eingeladen hätte. Diese oft attraktiv geschilderten Berliner Salons - es waren in der Tat wichtige Zentren des geistigen Lebens. Aber nicht von der Gleichberechtigung der Juden zeugten sie, sondern bloß von ihrem dringenden Wunsch, mit gebildeten Nichtjuden zusammenzukommen und von ihnen tatsächlich anerkannt zu werden. Für die christlichen Freunde war Rahel letztlich eine Ausnahmejüdin, vielleicht eine nichtjüdische Jüdin, auf jeden Fall eine Fremde. Daß sie als emanzipierte Mitbürgerin leben wollte, konnte man schon begreifen. Absonderlich blieb es dennoch: Ähnlich wie Moses Mendelssohn wurde auch sie natürlich nicht geliebt, wohl aber angestaunt; ähnlich wie ihn empfand man auch sie als ein reizvolles, ein durchaus originelles, jedoch exotisches Wesen.

Einige Jahre lang war die ehrgeizige Rahel eine zentrale und gefeierte, eine kleine und doch beinahe majestätische Figur, eine orientalische Königin mitten im preußischen Berlin. Ja, eine Herrscherin war sie, aufrichtig bewundert, aber insgeheim spöttisch belächelt, bestenfalls bemitleidet. Als sie älter geworden und ihr Ruhm längst verblaßt war, bildete sie sich ein, sie würde immer noch jung aussehen. Ihre weiße Haartracht täusche nur die Menschen, sie schien ihr bloß eine „verkehrte Krone auf meinem Schicksal". Aber auch zu Zeiten, als der Erfolg sie berauschte, war ihre Situation schon paradox. Der unsichtbare Kopfschmuck, den sie stolz trug, glich einer falschen, eben einer „verkehrten Krone". Und alle waren sich dessen bewußt - ihre Gäste und

Freunde, ihre Neider und Nebenbuhler und letztlich auch sie selber.

So blieb ihre Suche nach einer Heimat vergeblich, das „natürlichste Dasein", dessen sich, wie sie notierte, jede Bäuerin, ja jede Bettlerin erfreuen könne, war ihr versagt. Sie müsse „sich immer erst legitimieren", eben deshalb sei es „so widerwärtig, eine Jüdin zu sein". Wiederholt erklärte sie in ihren Briefen, zumal in jenen an die Geschwister, man könne als Jude überhaupt nicht existieren. Nur zwei Möglichkeiten gebe es: die Taufe und die Ehe mit einem Nichtjuden. 1814 tritt sie zum Christentum über und heiratet Karl August Varnhagen von Ense.

Doch neunzehn Jahre später, wenige Tage vor ihrem Tod, diktiert sie ihrem Mann: „Was so lange Zeit meines Lebens mir die größte Schmach, das herbste Leid und Unglück war, eine Jüdin geboren zu sein, um keinen Preis möcht' ich das jetzt missen." War das Einsicht oder Resignation oder vielleicht Trotz? Sicher ist: Wenn wir uns heute, obwohl ihre Schriften fast nur noch von Fachgelehrten gelesen werden, mit Rahel Varnhagen beschäftigen, wenn uns ihre Persönlichkeit immer noch fasziniert und dies in höherem Maße als ihr Werk, so vor allem deshalb, weil ihr Leben mehr als aufschlußreich, weil es exemplarisch ist. Aber es fragt sich: exemplarisch wofür?

Ich meine: Für die Wege und Irrwege der Juden in der deutschen Literatur im neunzehnten und eben auch im zwanzigsten Jahrhundert.

Beinahe jeder dieser Schriftsteller mußte früher oder später durchmachen, was Rahel erfahren und erlitten hatte. Beinahe jeder wußte, daß er sich immer erst zu legitimieren hatte. Beinahe jeder lebte im Zeichen jener schrecklichen Angst, die sich zeitweise verdrängen, doch nie ganz abschütteln ließ - der Angst vor dem Judenhaß, genauer: der Angst vor Deutschland, vor den Deutschen. Und die meisten Schriftsteller sahen nur einen einzigen Ausweg: Ähnlich wie Rahel Varnhagen wandten sie sich vom mosaischen Glauben ab, um sich einer der herrschenden Religionen anzuschließen. Indes: Was sie sich davon versprachen, ging so gut wie nie in Erfüllung.

Heine sah schon als Student, daß ihm „Torheit und Arglist ein Vaterland verweigern". Aber er dachte nicht daran zu kapitulieren. Verurteilt zur Heimatlosigkeit, versuchte er, sich zunächst dort einen Platz zu sichern, wo er glaubte, eine Ersatzheimat, eine Art Vaterland finden zu können: in der deutschen Sprache, in der deutschen Literatur.

Dieses Ziel vor Augen, debütierte er in den zwanziger Jahren des vorigen Jahrhunderts mit Versen, die sofort eine ungewöhnliche Situation erzeugten. Plötzlich war ein Jude ein deutscher Dichter. Das hatte es bisher nicht gegeben. Gewiß kannte man schon deutschschreibende Juden, nur spielten sie keine Rolle. Oder es war ein Ludwig Börne aus Frankfurt, der aber Prosa publizierte, Kritiken und Reiseberichte. Das schien der Öffentlichkeit erträglicher als der unerwartete Einbruch eines Juden in die urdeutsche Domäne der holden Poesie. Erschwerend kam hinzu, daß sich Heine nicht ignorieren ließ: Seine Verse waren gut, so gut, daß sie ihn in kurzer Zeit berühmt machten. Das kam einer enormen, einer ungeheuerlichen Provokation gleich.

Gewiß, man war durchaus bereit, sich diese Gedichte anzueignen und sie auch ausgiebig zu loben. Aber man war nicht bereit, den Autor als Person, als Bürger, als Deutschen anzunehmen. Gesellschaftliche und berufliche Gründe waren es, die Heine 1825 veranlaßten, zur evangelischen Kirche überzutreten. Daß man diese Selbstverteidigung, diesen Kampf ums Dasein, gelegentlich als Opportunismus bezeichnet hat, will mir nicht recht einleuchten. Jedenfalls hat, was Heines Isolation ein Ende bereiten sollte, sie erst recht vertieft. Er blieb, was er bisher gewesen war: ein Jude unter den Christen. Nur war er jetzt auch noch ein Getaufter unter den Juden.

Nicht der Taufzettel veränderte sein Leben, sondern erst die Auswanderung. Er war in Deutschland ein gescheiterter Jurist, dem es nirgends gelingen wollte, eine Stellung zu finden. In Frankreich lebte er als ein Poet, der geschätzt wurde. In Deutschland war er ein unbequemer Zeitgenosse, der vielen auf die Nerven ging und der überall Anstoß erregte. In Frankreich hat er die Einheimischen nicht besonders gestört, hier konnte er ohne weiteres zwar nicht integriert, doch immerhin akzeptiert werden - allerdings als einer, der selbstverständlich nicht dazugehörte. In beiden Ländern war und blieb der Düsseldorfer Heine ein kurioser Einzelgänger, ein bunter Vogel, kurz: hier wie dort ein Fremder. Aber unter den Deutschen ein Jude, unter den Franzosen ein Deutscher, in Deutschland ein Ausgestoßener, in Frankreich ein Ausländer.

Das zentrale Problem Heines war - in Deutschland ebenso wie in Frankreich - das Judentum, doch nicht etwa die mosaische Religion und nicht die jüdische Tradition. Freilich ist Heines Thema, zumal in dem internationalen Bestseller „Buch der Lieder", meist zwischen und hinter seinen Versen verborgen. Er spricht in der Lyrik von den Leiden des deutschen Juden kurz nach der von den Behörden verordneten, aber von der Bevölkerung nicht gewollten, bestenfalls geduldeten Emanzipation, von den Leiden somit eines Menschen, der, hineingeboren in die deutsche Welt, integriert werden möchte. Sein Schmerz, der Schmerz also dessen, den man nicht zuläßt, der allein und einsam bleibt - das ist Heines Leitmotiv: Die aussichtslose Liebe, die er in seinen Liedern und Gedichten besingt, symbolisiert die Situation des Verstoßenen und Ausgeschlossenen.

Nicht die Heimatlosigkeit steht im Mittelpunkt dieser Dichtung, vielmehr die Nichtanerkennung, die Nichtzugehörigkeit des zwar ganz und gar assimilierten, aber in Wirklichkeit eben nicht emanzipierten Juden. So ist Heines Werk durch die spezifische Situation geprägt, in der er sich inmitten der christlichen Gesellschaft befunden hat. Dies jedoch gilt für nahezu alle Juden in der deutschen Literatur: Es sind nicht etwa stilistische oder formale Merkmale, die das Werk dieser Schriftsteller kennzeichnen, vielmehr sind es die Themen und die Motive, die sich aus ihren Erfahrungen und Leiden, aus ihren Komplexen und Ressentiments als Juden in der deutschen Welt ergeben.

Ob das Jüdische im Vordergrund ihres Lebens stand oder ob sie es zu verdrängen und zu ignorieren versuchten, ob sie sich dessen ganz oder nur teilweise bewußt waren - ihnen allen hat ihre Identität qualvolle Schwierigkeiten bereitet, keiner ist mit dieser Frage zu Rande gekommen. Der aus einem schwäbischen Dorf stammende Romancier und Geschichtenerzähler Berthold Auerbach glaubte, das Problem gelöst zu haben: Er sei, erklärte er 1847, ein Deutscher, ein Schwabe und ein Jude zugleich, nichts anderes könne und wolle er sein.

Seine „Schwarzwälder Dorfgeschichten" machten ihn zu einem wahren Volksschriftsteller, er wurde mehr gelesen und geschätzt als Gottfried Keller. Doch ließ er sich nicht beirren, deutlich sah er die wachsenden antisemitischen Tendenzen in Deutschland: Wie Heine von dem „nie abzuwaschenden Juden" sprach, so wollte auch er sich nicht damit abfinden, daß man ihn auf Schritt und Tritt „als Juden und immer nur als Juden angesehen" hat. Als 1880 der Berliner Antisemitismusstreit ausgetragen wurde, verzweifelte Auerbach über den Widerwillen gegen die Juden. Er schrieb: „Vergebens gelebt und gearbeitet!"

Gegen Ende des Jahrhunderts wurde es augenscheinlich, daß die jüdischen Schriftsteller in ihrer überwiegenden Mehrheit das Judentum als eine Last empfanden, mit der sie freilich sehr unterschiedlich umgingen. Wollten sich die einen ihrer so schnell wie möglich entledigen, so wurde sie von anderen resigniert weitergeschleppt oder aber trotzig wie ein Banner getragen. Sie nahmen ihr Judentum nicht als etwas Natürliches, etwas Selbstverständliches hin, vielmehr schwankte ihre Reaktion zwischen Scham und Stolz: Sie ergaben sich demütig in ihr Schicksal oder widersetzten sich ihm mit Nachdruck. Der Berliner Kritiker Alfred Kerr beteuerte, daß er „die Herkunft von diesem Fabelvolk immer als etwas Beglückendes gefühlt" habe. Wirklich immer? Auch dann, als der Jude Kerr schikaniert und schließlich vertrieben wurde?

Arthur Schnitzler, in dessen Werk man die jüdischen Motive und Figuren nicht zwischen den Zeilen zu suchen braucht, behauptet in einem Brief: „Ich leide nicht im geringsten unter meiner jüdischen Abstammung". So ganz überzeugend ist das nicht. Denn in seinem erst für die postume Veröffentlichung bestimmten Tagebuch notiert er: „Wie schön ist es ein Arier zu sein - man hat sein Talent so ungestört." In der Tat wurde Schnitzler immer wieder verleumdet und bösartig angegriffen. „Weil ich Jude war" - schrieb Sigmund Freud -, „fand ich mich frei von vielen Vorurteilen, die andere im Gebrauch ihres Intellektes beschränkten; als Jude war ich darauf vorbereitet, in die Opposition zu gehen ..." Das gilt in hohem Maße auch für Schnitzler.

Auf vielen seiner Fotos sieht man einen behäbigen und bedächtigen Herrn, einen offenbar gleichmütigen Menschen. In Wirklichkeit kannte auch er, wie die meisten Juden in der deutschen Literatur, keine Ruhe, auch er war ein Getriebener. Die Gesellschaft seiner Zeit wie kaum ein anderer beobachtend, mußte er sie, ob er es wollte oder nicht, bloßstellen - und geriet als junger Autor gleichsam automatisch in die Opposition, zumal mit seinen dramatischen Arbeiten, mit den Zyklen „Anatol" und „Reigen", mit dem Einakter „Der grüne Kakadu", erst recht mit der bahnbrechenden Novelle „Leutnant Gustl".

Aber Schnitzlers Werk ist noch in einer ganz anderen Hinsicht charakteristisch für den Beitrag der Juden zur deutschen Literatur: Vorurteilsfrei und provozierend, verblüfft es zugleich durch eine Synthese hervorstechender Eigentümlichkeiten, die mit der Herkunft aus dem Judentum, aus dem Getto zu tun haben - mit der Synthese von Schwermut und jahrhundertelang entbehrter Lebensfreude, von ungewöhnlicher Leidensfähigkeit und einer durch das Elend der noch unfernen Vergangenheit gesteigerten Genußsucht. In einem Brief aus dem Jahr 1914 sagt er beiläufig, es sei doch sonderbar, daß „wir uns als alles zugleich fühlen müssen. Ich bin Jude, Österreicher, Deutscher". Man beachte die Formulierung „fühlen müssen". Aufschlußreich ist auch seine Begründung: Wenn man den Juden, den Österreichern oder den Deutschen „was Schlimmes nachsagt", dann fühle er sich jeweils beleidigt. Wir haben es also mit einer dreifachen Identität zu tun, freilich mit einer, die offenbar bloß aus dem Negativen herrührt.

Über dieselbe Frage nachdenkend, hat ein Berliner Zeitgenosse Schnitzlers, der Kritiker und Verlagslektor Moritz Heimann, den Sternenhimmel bemüht: Es sei „nichts Unnatürliches darin, seine Bahn mit zwei Mittelpunkten zu laufen; einige Kometen tun es und die Planeten alle". Jakob Wassermann, einer der meistgelesenen Erzähler der Weimarer Republik, bekannte sich ebenfalls zu einer Bahn mit zwei Mittelpunkten: Er sei Deutscher und Jude zugleich, und zwar „eines so sehr und so völlig wie das andere, keines ist vom anderen zu lösen".

Doch auch ihm, dem von großen Publikumserfolgen verwöhnten Romancier, blieben herbe Enttäuschungen nicht erspart. 1921 versetzte er die Öffentlichkeit mit einer Schrift in Erstaunen, die man gerade von Wassermann am wenigsten erwartet hatte - mit dem autobiographischen Buch „Mein Weg als Deutscher und Jude". Sein Fazit: „Es ist vergeblich, das Volk der Dichter und Denker im Namen seiner Dichter und Denker zu beschwören ... Es ist vergeblich, das Gift zu entgiften. Sie brauen frisches. Es ist vergeblich, für sie zu leben und für sie zu sterben. Sie sagen: Er ist ein Jude."

Dieses zeitgeschichtliche Dokument, Klage und Anklage in einem, ist immer noch ergreifend. Und es ist höchst aufschlußreich, nicht zuletzt wegen der Reaktion, die es hervorgerufen hat. Thomas Mann nämlich war mit der alarmierenden Selbstdarstellung seines Kollegen überhaupt nicht einverstanden. Wassermann dürfe sich doch nicht über Unrecht beklagen - schreibt er -, da zumindest einige seiner Romane außerordentlich erfolgreich seien. Überdies sei das jüdische Publikum „heute in einem Maße weltbestimmend, daß der jüdische Künstler sich eigentlich geborgen und in der Welt zu Hause fühlen könnte".

Wie aber ist es mit dem Antisemitismus? Davon weiß Thomas Mann nichts - oder er möchte nichts wissen: „Ein nationales Leben, von dem man den Juden auszusperren versuchte, in Hinsicht auf welches man ihm Mißtrauen bezeigen könnte, gibt es denn das überhaupt?" Es will ihm nicht einleuchten, daß Deutschland ein Boden sein sollte, „worin das Pflänzchen Antisemitismus je tief Wurzel fassen könnte". So Thomas Mann im Jahre 1921.

Wassermann antwortete sofort. Der Konflikt, an dem er zu leiden habe, sei für Menschen „von Ihrer Art, Ihrer Erziehung, Herkunft und inneren Verfassung" wohl kaum greifbar: „Was hätten Sie empfunden, wenn man aus Ihrem Lübecker- und Hanseatentum ein Mißtrauensvotum konstruiert hätte?" Da Thomas Mann getan hatte, als sei ihm ein deutscher Antisemitismus ganz und gar unbekannt, mußte er sich jetzt von Wassermann belehren lassen, daß Juden in Deutschland weder Richter noch Staatsanwälte oder Offiziere werden könnten und daß den Gelehrten, von wenigen Ausnahmen abgesehen, die Katheder versperrt blieben.

Als Thomas Mann 1935, während des Aufenthalts in der Schweiz, diesen Brief an Wassermann aus dem Jahre 1921 zu sehen bekam, äußerte er sich hierzu in seinem Tagebuch auffallend wortkarg: Er sei damals „unerlaubt gutgläubig" gewesen. Das ist eine Beschönigung, die wohl mit Thomas Manns schlechtem Gewissen zu tun hat: Nicht gutgläubig waren seine Belehrungen und auch nicht weltfremd. Denn was er um 1921 seinem Tagebuch anvertraut hatte, zeigt, daß in jener Zeit bisweilen auch er von abfälligen Urteilen über Juden nicht absehen mochte.

Der Briefwechsel zwischen Thomas Mann und Jakob Wassermann macht etwaige Illusionen zunichte: In der Weimarer Republik lebten jüdische und nichtjüdische Schriftsteller, ungeachtet unzähliger Kontakte und Freundschaften, doch in zwei verschiedenen Welten. Dies läßt auch eine andere, nicht minder wichtige Überlegung Thomas Manns erkennen. In seinem 1909 veröffentlichten Roman „Königliche Hoheit" fragt der Großherzog einen Arzt, Doktor Sammet, ob er die jüdische Herkunft je als ein Hindernis auf seinem

Wege, als Nachteil im beruflichen Wettstreit empfunden habe. Doktor Sammet will diese Frage weder bejahen noch verneinen. Kein gleichstellendes Prinzip - sagt er - könne verhindern, „daß sich inmitten des gemeinsamen Lebens Ausnahmen und Sonderformen erhalten". Der Einzelne, also der Jude, werde guttun, „nicht nach der Art der Sonderstellung zu fragen", vielmehr daraus „eine außerordentliche Verpflichtung" abzuleiten. Denn durch die Nichtzugehörigkeit zur Mehrheit habe man eine weitere Veranlassung zu bedeutenden Leistungen.

Ein ungewöhnlicher Befund, eine schon erschreckende Empfehlung: Sollten die Juden dafür dankbar sein, daß sie eine „Sonderstellung" hatten und eine Minderheit waren? In der Tat sieht Thomas Mann in einer nach dem Ersten Weltkrieg geschriebenen Arbeit das Judentum als „eines jener Symbole der Ausnahme und der hohen Erschwerung, nach denen man mich als Dichter des öfteren auf der Suche fand". Sein Werk belegt diese Äußerung: Die Menschen, die im Mittelpunkt seiner Romane und Erzählungen die Ausnahme und die hohe Erschwerung symbolisieren, sind in der Regel Künstler, Homosexuelle und Juden. Dagegen ist natürlich nichts zu sagen. Nur hätten die Juden selber - und hier geht es um die Kreativen unter ihnen, zumal um die Schriftsteller - auf ihre Ausnahmesituation, deutlicher: auf den angeblich stimulierenden Einfluß der Verfolgung gern verzichtet.

Statt jenes „natürlichste Dasein" genießen zu können, nach dem sich schon Rahel Varnhagen gesehnt hatte, mußten sie sich unentwegt vor den Nichtjuden ausweisen und bewähren. Albert Einstein hat sich kurz nach dem Ersten Weltkrieg mokiert: Wenn sich seine Theorien als richtig herausstellen sollten, dann werde er für die Deutschen ein Deutscher sein und für die Franzosen ein Europäer. Sollten sie sich aber als falsch erweisen, dann würden ihn die Franzosen für einen Deutschen ausgeben und die Deutschen für einen Juden.

Diese „hohe Erschwerung", die den Juden das Leben oft qualvoll machte und die mitunter auch ihre großen Leistungen ermöglichte, war ihnen selber keineswegs recht. Die Nichtjuden applaudierten und riefen ihnen zu: Bitte leidet weiter, bewahrt doch Eure „Sonderform", denn es sind ja gerade Eure Leiden, die Euch auszeichnen, die Euch attraktiv und interessant machen. Die Juden empfanden diese Zustimmung, mochte sie auch bisweilen freundlich gemeint sein, eher als unheimlich.

Die Söhne und Enkel jener, die nach Jahrhunderten dem Getto entkommen waren, sehnten sich nach einer Heimat, nach einem Hafen. Einer von ihnen, Gustav

Mahler, sagte knapp, er sei „dreifach heimatlos: als Böhme unter den Österreichern, als Österreicher unter den Deutschen und als Jude unter allen Nationen der Erde". Zugleich wurde diese Generation jüdischer Intellektueller, deren Existenz die Religion nicht mehr zu prägen vermochte, von der Heimatlosigkeit in einem anderen Sinne verunsichert und gepeinigt. Keiner hat das treffender artikuliert als der unglückliche deutsche Dichter, der die Heimatlosigkeit der Juden zum Thema seines Werks, eines Jahrhundertwerks, erhoben hat: Franz Kafka.

In einem Brief an seinen Freund Max Brod spricht Kafka 1921 von dem „Verhältnis der jungen Juden zu ihrem Judentum" und von „der schrecklichen inneren Lage dieser Generation". Er erkannte sie klar und deutlich: „Weg vom Judentum ... wollten die meisten, die deutsch zu schreiben anfingen, sie wollten es, aber mit den Hinterbeinchen klebten sie noch am Judentum des Vaters und mit den Vorderbeinchen fanden sie keinen neuen Boden. Die Verzweiflung darüber war ihre Inspiration."

Es war die Inspiration von Arthur Schnitzler und Joseph Roth, von Walter Benjamin und Karl Kraus - und auch von Schriftstellern, die (wie Else Lasker-Schüler und Alfred Döblin, Franz Werfel und Walter Hasenclever) dem Expressionismus zugerechnet wurden. In dieser literarischen Revolte gegen die Welt der Bürger und gegen die Autorität der Väter spielten die Poeten jüdischer Herkunft eine auffallend große Rolle. Gewiß waren Einsamkeit und Heimatlosigkeit nicht nur für die Juden typisch, sondern auch für viele andere junge Autoren. Nur mußte dieses Generationserlebnis gerade die jüdischen Intellektuellen, zumal die Schriftsteller, die sich ja ohnehin im Stich gelassen fühlten, noch schmerzlicher treffen.

Auf einer Postkarte von 1916 stellt Kafka ohne jedes Aufheben die fundamentale Frage seiner Existenz: Wer er denn eigentlich sei? Denn in der „Neuen Rundschau" habe man seiner Prosa „etwas Urdeutsches" bescheinigt, während Max Brod seine Erzählungen zu den „jüdischesten Dokumenten unserer Zeit" zähle. Kafka stimmt weder dem einen noch dem anderen Befund zu: „Bin ich ein Cirkusreiter auf 2 Pferden?" Und er antwortet sogleich: „Leider bin ich kein Reiter, sondern liege am Boden." Sollte ähnliches schon für Heine gegolten haben?

So verwunderlich die Analogie auch erscheinen mag - Kafka hat mit Heine mehr gemein, als man auf den ersten Blick wahrnehmen kann. Auch Kafka hat exemplarische Situationen, Konflikte und Komplexe vornehmlich von Juden innerhalb der nichtjüdischen

Welt dargestellt. Indem Heine in seiner erotischen Lyrik insgeheim das Los der benachteiligten Juden besang oder sich zumindest von diesem Los inspirieren ließ, wurde er zum poetischen Sprecher und Sachwalter aller Benachteiligten und Verschmähten, aller, die an ihrer Rolle in der Gesellschaft gelitten haben, aller, die sich nach Liebe sehnten, aber sich mit der Sehnsucht, mit der Hoffnung begnügen mußten.

Auch Kafkas Geschichten vom Schicksal der Angeklagten und der Ausgestoßenen sind klassische Gleichnisse von der Entfremdung und der Vereinsamung des Individuums: Die Tragödie der Juden, die er in seinen Romanen und Erzählungen dargestellt hat, ohne das Wort „Jude" zu verwenden, wurde von nachwachsenden Generationen, durchaus zurecht, als Extrembeispiel der menschlichen Existenz verstanden. 1925, kurz nach Kafkas Tod, als noch der größte Teil seines Werks ungedruckt und sein Name kaum bekannt war, wurde er von Hermann Hesse ein „heimlicher Meister und König der deutschen Sprache" genannt. Wenn Kafka ein König war - dann freilich, wie einst Rahel Varnhagen, wie später Heinrich Heine, einer mit der falschen, mit der „verkehrten Krone" auf seinem Schicksal.

Einige der an dieser jüdischen Heimatlosigkeit leidenden Schriftsteller wandten sich, wie Kafka in seinen späteren Jahren, wieder dem Judentum zu und der neuen Bewegung, dem Zionismus - so Lion Feuchtwanger, Arnold Zweig, Max Brod und Martin Buber. Aber den meisten bedeutete die jüdische Überlieferung nichts mehr. Das Dritte Reich kümmerte sich darum nicht im Geringsten: Auch Schriftsteller, die bloß jüdischer Herkunft waren und deren Eltern oder Großeltern sich längst hatten taufen lassen, wurden zur Emigration gezwungen - wie Rudolf Borchardt, wie Carl Sternheim, der Sohn eines Juden, wie Carl Zuckmayer, der Sohn einer Jüdin. Andere Autoren rebellierten gegen die jüdische Existenz, indem sie sich für jene philosophischen und ideologischen Entwürfe entschieden, die als Ersatzreligion dienen konnten, für den Marxismus, für den Sozialismus - so Anna Seghers und Arnold Zweig, Ernst Bloch und Manès Sperber, der Dramatiker Friedrich Wolf und der Reporter Egon Erwin Kisch und, zumindest zeitweise, Walter Benjamin und Kurt Tucholsky. „An Stelle von Heimat / halte ich die Verwandlung der Welt -" - dieses Wort der Nelly Sachs läßt sich auf sie alle beziehen.

Und das Christentum? Seine Anziehungskraft hielt sich in Grenzen. Aber es war nicht Opportunismus, der viele jüdische Schriftsteller die Nähe des Christentums suchen ließ. Zumal katholisches Denken und katholisches Ritual haben auf manche von ihnen einen starken Einfluß ausgeübt. Alfred Döblin verließ schon 1912 die jüdische Religionsgemeinschaft, doch, schrieb er, wenn es um Kampf gehe, „war und blieb ich ein Jude". Zwischen 1926 und 1935 veröffentlichte er drei Bücher, die sich ausschließlich mit jüdischen Fragen beschäftigten. Gleichwohl trat er 1941 im amerikanischen Exil zum katholischen Glauben über. Er tat es in einem Augenblick, da er sich von diesem Schritt nicht die geringsten praktischen Vorteile versprechen konnte.

Die Hinwendung zur Philosophie katholischer Prägung war wohl das wichtigste geistige Ereignis in den letzten Jahren des Juden Kurt Tucholsky. Franz Werfel war vom Katholischen geradezu fasziniert - und Joseph Roth ebenfalls. Sie litten an der „schrecklichen inneren Lage dieser Generation". Aber taufen ließen sie sich doch nicht. Roth, in dessen Werk das Jüdische zu den zentralen Themen gehört, schuf sich auf der Suche nach einem neuen Glauben eine Wunsch- und Märchenwelt: Aus dem habsburgischen Reich wurde sein Orplid. Nicht als eine politische Realität begriff er also die Donaumonarchie, sondern als Idee und Vision, als eine rückwärts gewandte Utopie: Kakanien als Wille und Vorstellung. Österreich sei - heißt es in seinem Roman „Die Kapuzinergruft" -

„kein Staat, keine Heimat, keine Nation. Es ist eine Religion".

Vielleicht hat keiner dieser Schriftsteller an seinem Judentum so heftig gelitten wie Karl Kraus, der unduldsamste Beobachter und der gewaltigste Hasser der Epoche. Er war ein gefürchteter Zuchtmeister und ein genialischer Alleinunterhalter, eine Wiener Institution und ein österreichisches Ärgernis. 1899 hat er die jüdische Religionsgemeinschaft verlassen, 1911 trat er der katholischen Kirche bei, 1923 hat er sich von ihr wieder getrennt. Als Kuriosum sei der unmittelbare Anlaß erwähnt: Die Kirche hat dem von Kraus verachteten Max Reinhardt erlaubt, in der Salzburger Kollegienkirche ein Theaterstück aufzuführen. Schlimmer noch: Das Theaterstück stammte aus der Feder eines von Kraus besonders verabscheuten Autors, den er für einen geschmacklosen Nichtskönner hielt - aus der Feder Hugo von Hofmannsthals.

Da die Wurzeln seiner außergewöhnlichen Wortgläubigkeit und seines Gerechtigkeitsfanatismus unzweifelhaft im Judentum zu finden sind, in der Welt des Alten Testaments, haben wir es bei seiner fortwährenden, bisweilen schon manischen Anklage des Jüdischen mit einer Selbstauseinandersetzung zu tun: Der Selbsthaß feierte in den Schriften von Karl Kraus wahre Orgien. Sonderbar: Den berüchtigten jüdischen

Selbsthaß, diese düster schillernde Kategorie kennt keine einzige europäische Literatur - nur die deutsche. Ob das wohl damit zusammenhängt, daß die Juden sich in die deutsche Kultur geradezu verliebten? Dann wäre es, wie schon gelegentlich bemerkt wurde, diese unerwiderte Liebe der Juden, die ihre Gereiztheit geweckt, ihre Aggressivität gesteigert und schließlich diesen unheimlichen Selbsthaß angefacht hat.

Auch Tucholsky hat über und gegen Juden allerlei geschrieben, was man zur Zeit der Weimarer Republik in der Kampfpresse der Nationalsozialisten ebenfalls lesen konnte - dort allerdings ungleich dümmer und viel schlechter formuliert. Auch Tucholsky hat sich die größte Mühe gegeben, sein Judentum abzustreifen. In seinem Abschiedsbrief an Arnold Zweig, im Dezember 1935 verfaßt, stellte er knapp fest, er habe sich 1911 vom Judentum getrennt, wisse nun aber, „daß man das gar nicht kann". Ein Professor soll in den dreißiger Jahren seinem Auditorium bekannt haben, er sei aus dem Judentum ausgetreten, worauf Max Brod ihm zurief: „Aber das Judentum nicht aus Ihnen!"

Eine einnehmende, eine für sich gewinnende Kategorie ist der jüdische Selbsthaß ganz gewiß nicht, doch offenbar eine produktive und fruchtbare. Karl Kraus und Kurt Tucholsky gehören zu den vorzüg-

lichsten deutschen Satirikern und Feuilletonisten nicht
nur unseres Jahrhunderts. Und bestimmt ist nicht
falsch, was Tucholsky beiläufig bemerkt hat: „Selbsthaß
ist der erste Schritt zur Besserung." Wer aber befürch-
ten sollte, daß der jüdische Selbsthaß, der sich Karl
Marx und Kafka ebenso nachsagen läßt wie Else
Lasker-Schüler oder Kurt Tucholsky, den Antisemiten
nütze, dem kann man nur zustimmen. Es spricht jedoch nicht gegen die Juden, daß sie sich nie gescheut
haben, ihre Schwächen und Schwierigkeiten, ihre Makel
und Laster vor aller Welt auszubreiten: Unter den An-
klägern der Juden waren die Juden selber immer die
ersten. Das ist eine uralte Tradition. Es sind die Pro-
pheten des Alten Testaments, die sie begründet haben.
Von der deutsch-jüdischen Kultursymbiose, zumal im
Bereich der Literatur, spricht man jetzt häufig - und
man meint damit die ganze Epoche von der Aufklä-
rung bis zum Holocaust. Aber hat es diese Symbiose,
von der vor 1933 nur selten die Rede war, denn wirklich gegeben? Oder wurde sie bloß von den Juden
erhofft und angestrebt, war es vielleicht nur ein
Wunschtraum? Sicher ist, daß die Juden die Gesellschaft, in der sie lebten, aus zwei Perspektiven betrachten konnten und mußten - von außen und von innen,
aus der Distanz und aus der Nähe. So waren es vor
allem Juden, denen es gelang, den Geist und die

Atmosphäre der beiden Metropolen, Berlin und Wien, wiederzugeben.

Wer hat das Bild der Stadt Berlin liebevoller, kritischer und anschaulicher gezeichnet als Döblin in seinem Roman „Berlin Alexanderplatz", als Tucholsky in seinen Skizzen und Feuilletons? Wer hat die Umgangssprache, zumal den Berliner Dialekt, so genau fixiert, so scharfsinnig und witzig parodiert wie diese beiden Autoren? Und wer hat das Österreichische intensiver und reizvoller bewußt gemacht als die Juden Arthur Schnitzler, Joseph Roth und Stefan Zweig, Peter Altenberg und Alfred Polgar - von Johann Strauß und Hugo von Hofmannsthal, die auch jüdische Vorfahren hatten, ganz zu schweigen?

1933 hat Goebbels einen Emissär nach Ascona am Lago Maggiore geschickt, um den dort wohnenden, damals weltberühmten Erich Maria Remarque, einen Nichtjuden, zur Rückkehr nach Deutschland einzuladen und, wenn nötig, zu überreden. Indes wollte Remarque davon nichts hören. Aber er werde sich doch, meinte schließlich der Emissär, nach der Heimat zurücksehnen? Remarques denkwürdige Antwort lautete: „Ich mich nach Deutschland zurücksehnen? Bin ich denn ein Jude?"

In der Tat, die aus Deutschland und Österreich vertriebenen oder geflohenen nichtjüdischen Schriftsteller haben sich mit ihrem Schicksal in den meisten Fällen viel leichter abgefunden als die Juden. So verwunderlich ist das wieder nicht: Kaum jemand leidet an dem Verlust der Heimat so sehr wie jene, die sich gezwungen sahen, wieder aufzugeben, was sie erst vor nicht langer Zeit gewonnen hatten. Und es ist schon aufschlußreich, daß einen der schönsten deutschen Heimatromane zwischen 1933 und 1945 eine aus ihrem Vaterland verjagte Jüdin in Paris geschrieben hat: Anna Seghers, die Autorin des Romans „Das siebte Kreuz", dessen Handlung sich am Rhein und Main abspielt, zwischen Frankfurt, Worms und Mainz.

Der Trost der Vertriebenen und Verbannten war die deutsche Sprache, der größte Schatz, den sie auf die Wanderung mitgenommen hatten. „Wenn ich deutsch schrieb" - heißt es schon bei Heine -, „so konnte ich mir einbilden, ich sei in der Heimat ..." Nicht allen konnte dieser Schatz helfen. War es die Sehnsucht nach der Heimat, die viele jüdische Schriftsteller im Exil Selbstmord verüben ließ? Zu ihnen gehören Kurt Tucholsky und Walter Benjamin, Walter Hasenclever und Ernst Toller, Stefan Zweig und Ernst Weiss.

In Hasenclevers Roman „Die Rechtlosen", verfaßt 1940 in den letzten Monaten seines Lebens, sagt ein assimilierter Jude: „Was sind wir eigentlich? Deutsche waren wir einmal. Juden können wir nicht werden ...

Was bleibt noch? Wir haben unsere Wurzeln ausgerissen und stolpern doch mit jedem Schritt über sie." Aber auch manche, die das Exil oder die Todeslager überlebt haben, blieben gezeichnet für immer und konnten ihren Platz nicht mehr finden: Paul Celan hat 1970 Selbstmord verübt, der Literaturhistoriker Peter Szondi 1971, der Essayist Jean Améry 1978.

In der Bundesrepublik wurde 1959 eine Lyriksammlung mit dem Titel „Jüdisches Schicksal in deutschen Gedichten" veröffentlicht. Gedacht war - so der Untertitel - an eine „abschließende Anthologie". Das scheint mir eine angemessene Bezeichnung: Die deutsch-jüdische Kultursymbiose ist, wenn es sie denn je gegeben hat, beendet. Doch deren Ergebnisse gibt es, sie sind unerhört und wunderbar zugleich.

Immer wollen die Schriftsteller auf die Zeitgenossen Einfluß ausüben und womöglich die Welt verändern, immer wieder entwerfen sie Zukunftsvisionen, die freilich nie in Erfüllung gehen. Aber einem österreichischen Juden ist es gelungen, mit einem Roman tatsächlich zur Weltveränderung beizutragen. Er war zunächst ein Lustspielautor und ein Feuilletonist und bald ein Staatsmann, wenn auch ohne Staat. Er war ein Prophet, dessen Utopie Wirklichkeit wurde. Ich spreche von Theodor Herzl und seiner Vision des Staates Israel. Und Literat, der er war, wählte er für seine

Vision die Form eines Romans: Er erschien 1902 unter dem Titel „Altneuland". Geradezu paradox mutet das an: Der neuzeitliche Staat der Juden - das war erst einmal ein Stück deutscher Literatur, ein zwar künstlerisch unerheblicher, doch folgenschwerer Roman.

Aber wir sollten uns nichts vormachen: Das alles gehört der Vergangenheit an. Die vertriebenen Schriftsteller jüdischer Herkunft haben in der Nachkriegszeit am literarischen Leben Deutschlands zwar teilgenommen, indes sind die meisten nicht mehr zurückgekehrt. Im Exil endete das Leben von Nelly Sachs, Elias Canetti, Hermann Broch und Lion Feuchtwanger, von Max Brod, Robert Neumann und Manès Sperber, Alfred Polgar und Walter Mehring, von Paul Celan, Peter Weiss, Wolfgang Hildesheimer und Erich Fried.

Was hat dieser Generation das Judentum noch bedeutet? Nicht nur im eigenen Namen sprach Hilde Domin, als sie 1978 feststellte, daß Judesein für sie keine Glaubensgemeinschaft sei - und auch von Volkszugehörigkeit könne nicht die Rede sein. Es sei vielmehr eine Schicksalsgemeinschaft: „Ich habe sie nicht gewählt wie andere Gemeinschaften ... Ich bin hineingestoßen worden, ungefragt wie in das Leben selbst." Und: „Ich verdanke diesem aufgezwungenen Schicksal Erfahrungen, die mir sonst fremd geblieben wären. Extremerfahrungen ..."

Mit dem ihnen aufgezwungenen Schicksal hadernd, wurden die deutschsprachigen jüdischen Schriftsteller über die Jahrhunderte hinweg zu Erben und zu Nachfolgern jener, die triumphierten und doch scheiterten - zu Erben und zu Nachfolgern also von Moses Mendelssohn und Rahel Varnhagen. Ihnen, den in diese Schicksalsgemeinschaft Hineingestoßenen, den zu Extremerfahrungen verurteilten Juden, verdanken wir ein so düsteres wie glanzvolles Kapitel unserer Literatur, ein einzigartiges Kapitel.

Veröffentlichungen der Hochschule für Jüdische Studien Heidelberg

Nr. 1 Untersuchungen zu Einbandfragmenten und ihre Beziehung zum Palästinischen Talmud
Von THEODORE KWASMAN
1986. 8°. 35 Seiten mit 1 Schwarzweiß-Tafel, kartoniert
Der Band wird jetzt von unserem Verlag ausgeliefert.
(Best.Nr. 1202) DM 8,80

Nr. 2 Die Entwicklung der hebräischen Sprache
Von CHAIM RABIN
1988. 8°. 60 Seiten, kartoniert (3-88226-439-x) DM 9,80

Nr. 3 Der jüdische Pferdehandel in Hohenems und Sulz im 17. und 18. Jahrhundert
Von KARL HEINZ BURMEISTER
1989. 8°. 28 Seiten, kartoniert (3-88226-461-6) DM 8,80

Nr. 4 Jüdische Geschichtsschreibung hundert Jahre nach Heinrich Graetz
Von MICHAEL GRAETZ
1992. 8°. 18 Seiten, kartoniert (3-888226-572-8) DM 10,-

Hochschule für Jüdische Studien Heidelberg
Zeitschriftenverzeichnis
Zusammengestellt und bearbeitet von BETTINA KALDENBERG
1992. 115 Seiten, broschiert (3-88226-543-4) DM 14,-

Dr. Ludwig Reichert Verlag D-65199 Wiesbaden